Los Secretos para Ganar dinero en Internet y las Redes Sociales

Por Edgardo Moreno

Copyright © 2018 Edgardo Moreno

All rights reserved.

ISBN-13: 978-1986535373

ISBN-10: 1986535371

Autor: Edgardo Moreno

Editor: Edgardo Moreno
Diseño interior: Francisco Martínez López
Diseño de Portada: Edgardo Moreno

Queda prohibida la reproducción de este libro por cualquier forma, sin previa autorización del autor. Salvo en pequeñas citas indicando claramente la fuente.

Contacto: Edgardo Moreno
Email: edgardomorenov@gmail.com

Un proyecto Editorial de

www.Tulibroen21dias.com

Índice

INTRODUCCIÓN	7
1. MENTALIDAD DIGITAL	11
2. MODELOS DE NEGOCIOS	17
Mercadeo de Afiliación o Afiliado	19
Mercado del Conocimiento o E-Learning	22
Websites y Servicios para Negocios Locales	26
Community Manager de Redes Sociales	28
E-COMMERCE	30
OTROS MODELOS	38
3. LOS SECRETO DEL MARKETING EN INTERNET Y LAS REDES SOCIALES	43
Las 3 C's	45
EL TRIÁNGULO DE ORO	48
TESTIMONIOS	51

Edgardo Moreno

INTRODUCCIÓN

Edgardo Moreno

Después de que han pasado más de 30 años desde que se hiciera público el uso del Internet, hay muy poco que quiero incluir en este libro de los orígenes e historias del internet. Así mismo, después de un poco más de 15 años de redes sociales me quiero ir directo al grano y contestar las preguntas que tanto el público como mis alumnos y socios hacen sobre las historias de los millones de dólares que se hacen dentro de esta red invisible que llamamos Internet.

Para nadie es novedad decir que en los últimos años las fortunas más grandes del mundo vienen del Internet: Jeff Bezos y Amazon, por ejemplo; Mark Zuckerberg y Facebook, Bill Gates, Larry Ellison, y muchos más.

Fortunas más pequeñas, pero nada despreciables, de varios millones de dólares se construyen en menos de 10 años en negocios tan rentables como el Marketing de Afiliados, el Comercio Electrónico, ya sea en su modalidad de Dropshipping, Amazon Private Label, FBA (Fulfillment by Amazon) o Ventas en Ebay.

Otros más tradicionales han conquistado el ciberespacio con sus negocios físicos o tradicionales, haciendo una adaptación brutal al buen uso de las nuevas tecnologías.

Los profesionales no se han quedado atrás y han llevado sus talentos al mundo digital y las Redes Sociales, creando miles de productos que van desde audio cursos, libros digitales y físicos, video cursos, mentorías presenciales y a distancia, convirtiendo el E-Learning en la segunda industria de mayor crecimiento en los Estados Unidos, y una de las más importantes en el mundo entero.

Y qué decir del maravilloso mundo del Mercadeo Móvil y las Aplicaciones, que dieron vida a Uber, airbnb, spotify, etc.

Lo que si deseo dejar claro es que no encontrará en este libro ni «Botones Mágicos» ni «Lámparas con genios» que cumplen tus deseos sin hacer nada, ni programas que resuelven lo que ninguna tecnología ha podido sustituir: la educación sería, enfocada y constante.

La fórmula del éxito sigue siendo la misma: *esfuerzo, enfoque, determinación, sacrificio, estudio y acción imperfecta.*

Así que

Bienvenidos y manos a la obra.

CAPÍTULO 1

MENTALIDAD DIGITAL

Edgardo Moreno

Desde mi punto de vista, este es el capítulo más importante de todo el libro porque todo lo que hemos visto, vemos y llegaremos a ver en el internet, nace de una mente que piensa de forma digital, sin barreras geográficas, políticas, económicas, ni de ningún otro tipo. Son mentes que no entienden de mercados locales, solo globales, no entienden de trabajar uno a uno, sino que entienden el poder de uno a muchos y que el dinero no viene del fruto de una hora de trabajo, sino de que una hora de trabajo produzca cientos y miles de pagos por hora.

Estas ideas vienen de mentes que han podido visualizar algo que no existía en el mundo material. En otras palabras, en el mundo tradicional y material, normalmente los inventos e innovaciones vienen a partir de la transformación de materias primas que se pueden tocar, mientras que en el mundo digital, vienen en muchos casos del mundo disruptivo.

> *«Tecnología disruptiva o innovación disruptiva es aquella tecnología o innovación que conduce a la aparición de productos y servicios que utilizan preferiblemente una estrategia disruptiva (de disruptivo, 'que produce ruptura brusca') frente a una estrategia sostenible a fin de competir contra una tecnología dominante, buscando una progresiva consolidación en un mercado.»*

Por lo tanto, si quieres aprovechar el Internet, las Redes Sociales y los beneficios de la era digital debes

de transformar tu mente, para pensar digitalmente:
1) Global, no local
2) 1 a muchos, no solo 1 a 1
3) La única constante es el cambio
4) El dinero no está al frente, está al final
5) El éxito online no es un golpe de suerte, es la suma de habilidades y técnicas
6) La Marca personal y los productos digitales son «propiedades» que tienen un valor igual que las propiedades en el mundo físico.
7) Igual que en el mundo tradicional o profesional, tu valor dependerá estrictamente de tus conocimientos, habilidades y técnica. Por ende, si tú no las tienes careces de valor en el mundo digital, y si adquieres este conocimiento, te estás asegurando la pertenencia de una «propiedad intelectual» de mucho valor en este mundo.
8) Al igual que los negocios tradicionales, todo negocio digital requiere un mínimo de cuatro presupuestos: el de instalación, el de mantenimiento, el de capacitación y el de mercadeo.
9) Nunca un negocio digital será más grande que su dueño.
10) En el mundo digital los negocios se mueven 10 veces más rápido que en el mundo tradicional, y de igual manera pueden ser cambiados o desechados 10 veces más rápido. Por lo tanto, la velocidad de implementación es un factor

determinante de éxito o fracaso.
11) En todos los campos el poder resolver problemas de otras personas es un buen negocio, pero a diferencia del mundo tradicional, en el mundo digital, tu podrás resolver un mismo problema simultáneamente —al mismo tiempo— a cientos o miles de personas.
12) A diferencia del mundo tradicional en donde todo el esfuerzo inicial está en el desarrollo del producto, en el mundo digital todo el esfuerzo inicial está basado en la persona a la que se solucionará el problema, y luego se desarrolla el producto.
13) Cada persona que vive del internet, vive en sus propios términos y no como consecuencia de las opiniones de otras personas. En otras palabras, cada exitoso digital decide qué puede hacer, hasta dónde puede hacer, incluso cuando otros no los entiendan o estén en desacuerdo con ellos.

Puedo seguir enumerando una lista muy grande de aspectos a considerar dentro de esta mente digital, pero con los primeros trece te podrás dar cuenta de que en el mundo digital el enfoque cambia, la velocidad cambia, pero los componentes de inversión de tiempo, energía y recursos siempre van en la misma dirección que cualquier negocio exitoso en otro campo.

Una cosas más, en el mundo digital tampoco cuentan las «excusas».

Edgardo Moreno

CAPÍTULO 2

MODELOS DE NEGOCIOS

Edgardo Moreno

Mercadeo de Afiliación o Afiliado

Desde mi experiencia esta es una de las mejores maneras de hacer negocios, tanto para principiantes, como para personas avanzadas en temas de negocios en línea, ya que se basa en una oferta comprobada y muy amplia de productos y servicios que una persona puede comercializar, y generar muy buenas comisiones por su promoción.

Básicamente, consiste en afiliarse a una empresa que tiene productos de alta calidad y demanda, cuyo embudo de mercadeo está listo, y en dónde el elemento que falta es el profesional de mercadeo que genera tráfico hacia el enlace correspondiente, desde el que se puede ganar comisiones por la acción del prospecto (CPA) o por la venta del producto, lo que es aún más generoso que el primero.

Recientemente participé en un Cumbre en la Ciudad de Las Vegas, en el Estado de Nevada, Estados Unidos en dónde me sorprendí de que este tipo de empresas ofrecen una variedad muy amplia de productos, que van desde las vitaminas y productos para la potencia sexual, pasando por fondos de retiro, hasta agencias de viajes y productos de todo tipo.

Para más información sobre este evento y una lista de empresas de este sector puedes visitar el enlace

http://affiliatesummit.com/

La lista de vídeos de las conferencias de este evento las puedes ver en el siguiente enlace http://bit.ly/2sVkIbZ

El verdadero «Secreto» del éxito en este campo es el marketing. Luego te darás cuenta de que este es el elemento indispensable en cualquier modelo dentro o fuera del internet.

No es el producto, no es el tamaño de la comisión, es el Mercadeo.

MI EXPERIENCIA

Desde el año 2006 he promovido decenas de productos de este tipo y he logrado generar decenas de miles de dólares cada año con este modelo, pero las mejores experiencias las tuve cuando entre 2007 y 2008 promovimos 3 productos de capacitación de alto valor ($497, $997 y $2497), de los cual recibimos más del 60% de comisión por venta. De este modo, en poco tiempo y con el mismo esfuerzo que ponemos en otros productos ganamos una cantidad importante de comisiones.

Recientemente, a finales del 2017, nos encontramos con otro modelo similar, con mejores productos que la primera vez, en el que aplicando, lo que ya sabemos que funciona, hemos logrado «en menos de 90 días» recibir más de $15,000 dólares en comisiones y $80 mil dólares en los siguientes 6 meses más un bono de $600 dólares mensuales para el pago de un auto de lujo.

Este tipo de negocio se llama Mercadeo de afiliado de «High Ticket» o alto valor que básicamente nos paga altas comisiones de productos de alto valor, dentro de un sistema de mercadeo muy bien estructurado en dónde existe un sistema de soporte en las ventas que descansa entre los Coaches profesionales que atienden a los prospectos y alumnos, así como un departamento de ventas para los eventos en vivo.

Gracias a la experiencia y los resultados, junto a mi amigo y socio Allan Urizar creamos un sistema Completo, pero simple de replicar llamado BeeZmart. Con BeeZmart las personas reciben capacitación fundamental para tener éxito en el mundo del internet y un sistema de pago del 50%, sin pagos mensuales, nos convertimos en la mejor opción para cualquier persona que desea iniciar su negocio en internet y ganar experiencia y dinero desde el primer mes.

Para conocer este modelo puedes ingresar a

www.Vivirdelinternet.life

Mercado del Conocimiento o E-Learning

Para nadie es desconocido que en cada ciudad se realizan diariamente eventos de capacitación de la más variada gama, debido a que cada sector público o privado, profesional o de la industria necesita de actualización, y una constante mejora.

Tampoco es desconocido que cada vez son menos los eventos presenciales que se desarrollan debido a los altos costos de locales, transporte, alojamiento, alimentación y el pago a los expositores, por lo que la modalidad virtual se ha convertido en una de las industrias de mayor crecimiento en el mundo entero.

En los Estados Unidos la cantidad de dinero en este rubro es casi igual a las ventas de Amazon, y la cantidad de dinero destinado a la capacitación del personal es mayor cada vez.

De ahí que el E-Learning o Educación Virtual está en pleno «MOMENTUM», y cualquier persona con una habilidad o profesión que ayude a muchos a resolver un dolor, problema, reto, desafío o que necesite adquirir un nuevo conocimiento, técnica o habilidad tiene puertas abiertas en este mundo.

Capacitarse y adquirir herramientas para poder desarrollar este tipo de negocio no es costoso, ni tampoco requiere mucho tiempo. Sí requiere dedicación e inversión inicial, pero es muy generoso. Personalmente utilizó una plataforma por varios años que es muy sencilla y que ya me permitió vender más de 6 cifras cada año en cursos virtuales. 22 Social es una de las más amigables que conozco y si deseas conocerla te dejo acá un enlace con una promoción www.22s.com/promocion

Si tu crees que tienes el potencial para este tipo de negocio te recomiendo usar este cuestionario para preparar tu propuesta.

1) ¿Qué habilidad o técnica tengo que puede servir a una cantidad importante de personas?
2) ¿Qué puedo ofrecer diferente a otros que ofrecen entrenamiento similares?
3) ¿Cuál es el precio emocional, económico y en tiempo que la persona pagará si sigue en su misma situación, sin que reciba mi ayuda?

Después de eso tienes que analizar la presentación más adecuada, que podría ser un libro, audiolibro, video curso, audio curso, clases, coaching o mentoría en vivo, o la combinación de todos los anteriores.

Puedes viajar a la ciudad del interesado y en un par de días enseñarle lo necesario para dominar el producto de tu oferta, o quizás podrías recibirle en un hotel cerca de tu casa y trabajar uno a uno hasta superar la necesidad del cliente. Está ultima modalidad se llama «Mentoría en casa uno a uno».

NUEVO MODELO

Yo estoy implementando un nuevo modelo para empresarios y profesionales que deseen en 3 o 4 días construir un negocio en línea. En ese tiempo creamos su marca personal y presencia en las redes sociales, creamos piezas gráficas y en vídeo, creamos una oferta irresistible y lanzamos su primer producto. El complemento es un seguimiento por medio de Skype o Zoom por varias semanas para acompañarle en el desarrollo del proyecto.

Websites y Servicios para Negocios Locales

De todos es sabido que los negocios locales requieren una presencia profesional en internet y en las redes sociales, por lo que la elaboración de Websites de información o con carritos de compras para recibir pagos directamente a Paypal es indispensable.

El modelo antiguo de cobrar por hacer website, alojamiento, dominio, etc., con pago mensual no es recomendable, siendo preferible un solo pago, con la opción de pago por actualización como servicio adicional.

Todos los profesionales en tu ciudad son un buen nicho de mercado: doctores, abogados, ingenieros, maestros de música, entrenadores deportivos, estilistas, etc.

Y, por supuesto, todo tipo de negocios como restaurantes, hoteles, hostales, moteles, salones de eventos, gimnasios, boutiques, servicios de transporte, encomiendas, etc.

Aprender a Desarrollar sitios profesionales que incluyan todo lo necesario para que se desplieguen correctamente en Computadoras, tabletas y smartphones ahora es muy sencillo.

Normalmente, por un sitio puedes cobrar de $300 a $800 dólares anualmente incluyendo el diseño, alojamiento y un dominio propio.

Tu costo promedio por mes es de $8 al mes por sitio lo que significa una ganancia muy alta.

RECOMENDACIÓN

El Creador de Websites y tiendas virtuales que he usado con mucha efectividad para mis negocios y los de mis clientes lo encuentras en el siguiente enlace. Por solo $20 al mes te dan 3 websites, los dominios los compras por separado, pero igual sigue siendo un muy buen negocio. http://strk.ly/?uc=kF0WM1isBh8

Community Manager de Redes Sociales

Una nueva profesión, que surgió con la popularización de las Redes Sociales, es la de los expertos que saben usarlas para la generación de prospectos y clientes, también conocidos como Community Manager.

Un Community Manager puede atender a profesionales y empresarios que tienen un negocio pero carecen de tiempo para capacitarse y para hacer un buen uso de las Redes Sociales de la empresa. Los servicios pueden ser tan sencillos como crear contenido de valor y agregarlo todos los días a la redes, o más complejos como atender a los clientes que consulten las páginas, crear campañas de video marketing, etc.

Un Community Manager puede cobrar una cuota fija que puede oscilar entre $300 a $1000 al mes dependiendo de la cantidad de trabajo que la empresa requiera, e incluso puede negociar una comisión por los resultados en nuevos negocios para la empresa.

Si deseas desarrollarte en esta nueva profesión te recomiendo que tomes los cursos gratuitos que da Facebook en español e inglés sobre cómo hacer campañas exitosas https://www.facebook.com/business/products/ads

También puedes tomar cursos con expertos en Facebook Ads. Esos conocimientos los podrás aplicar en tu nueva profesión, lo mismo debes hacer para integrar Instagram, Twitter y Youtube a tu cartera de servicios.

Este servicio no es nada complicado, pero requiere que la persona realmente se convierta en un creador de resultados, por lo que implementar contenido que atraiga prospectos o clientes debe ser su meta.

Edgardo Moreno

E-COMMERCE

En 1994 nació un website llamado Cadabra.com.

No fue muy popular, pero dio vida a un espacio infinito de negocios: el primero portal de venta de libros que pronto se dio a conocer al mundo como amazon.com

Jeff Bezos fundó lo que él denominaría: «Un portal de ventas predecibles, enfocado en el cliente y no en la competencia».

En marzo de 1995, y a pesar de muchas voces que le pronosticaban su fracaso por decidir incursionarse en la ventas de libros que tradicionalmente dominaban Barnes and Noble y Borders, Jeff Bezos, comenzó su aventura, que pronto se convirtió en la peor pesadilla de estas grandes cadenas de librerías.

Medio millón de dólares en ventas en el su primer año y 20 millones en su segundo año solo fueron el anuncio de que una nueva revolución en el internet estaba comenzando.

Bill Gates se consolidaba como uno de los hombres más ricos del mundo por su visión de colocar una computadora personal en cada hogar.

El Internet comenzaba a llegar a cada rincón del planeta y también los libros vendidos por amazon.

El Modelo tradicional de los negocios como Borders, Barnes and Noble, Sears, Macy's, Walmart, Jcpenney, estaban siendo amenazados por una idea loca de hacer de un portal en línea la librería más grande del mundo.

Amazon comenzó a vivir una metamorfosis al inventar el lector digital Kindle con lo que sus ventas de libros electrónicos se dispararon por las nubes, pero sus estantes y bodegas comenzaron a quedarse vacías, por lo que su fundador decidió en 1998 convertirse en la tienda por departamentos más grande del mundo, y acá comenzó la conquista de una nueva frontera en los negocios electrónicos, centrada en el cliente y creando lo que ahora se llama Marketing Predecible.

La adquisición del Portal Alexa, que se dedica a Medir la cantidad de visitas a cada website del mundo y de cada una de sus páginas, permite a Amazon saber mucho sobre las necesidades, hábitos, intereses y búsquedas de cada cibernauta en el planeta.

Mucha Gente no sabe que cada búsqueda, que cada visita a un website alimenta la inteligencia artificial de Amazon, Google y Facebook, y que luego se convierte en patrones que se usan para anticipar sus futuras compras.

Desde ya Amazon sabe que es lo que vas a necesitar con el paso de los años, y se está asegurando estar ahí cuando lo necesites.

En el momento que Amazon decidió convertirse en el más grande centro comercial del planeta, los negocios tradicionales, que contaban para ese entonces con millones de clientes y de artículos en su inventario, se lanzaron sin éxito al ciberespacio por una simple razón:

> *Tenían que mantener 2 grandes operaciones muy costosas, una tradicional con grandes superficies para atender a los Baby boomers que visitaban sus tiendas y a la vez estaban tratando de atender a la creciente demanda de la generación X, Y y Z que cada vez trasladaba sus compras al ciberespacio.*

Mientras otros trataban de emular el éxito de Amazon, el equipo de Jeff Bezos tenía una sola misión:

Dar al cliente la mejor experiencia, la mejor atención, la entrega más rápida posible sin importar dónde se encuentra.

«Si el cliente está feliz, lo que haga la competencia no importa».

Jeff Bezos rompió la regla del capitalismo, ya que su empresa dio pérdidas por 5 años sin llegar hasta la bancarrota, por la única razón de que esas pérdidas eran capitalizadas por un crecimiento en clientes y ventas que logró ser de hasta el 90% por trimestre.

Amazon se convirtió en el Rey del E-commerce, y su fundador Jeff Bezos inauguró el nuevo Imperio en Internet.

En el siglo XXI, Bill gates sigue a la cabeza como uno de los hombres más ricos del mundo por haber colocado una computadora en muchos hogares y oficinas del mundo, ahora le acompaña Mark Zuckerberg por su genial idea de organizarnos a los cibernautas en comunidades a través de facebook, y lograr que esta red se convierta en una de las herramientas más efectivas de publicidad, incluso más que la poderosa televisión de todos los tiempos.

Y, Jeff Bezos pasa a los primeros lugares después de convertir su librería virtual en el centro comercial más grande del mundo

19 millones de ventas al día lo posicionan con una de las operaciones comerciales más importantes en

el comercio electrónico. Para el 2015 su facturación superó los 105 mil millones de dólares.

Pero acá hay que destacar que el 60% de esas ventas provienen de un sistema muy nuevo dentro de Amazon que se llama FBA o Fulfillment by Amazon.

Mi amigo Allan Urizar me introdujo a este mundo, explicándome que este programa permite que fabricantes, importadores, exportadores y emprendedores se conviertan en socios o proveedores de Amazon, y le entreguen todo tipo de productos para que sea Amazon el que tome control del almacenaje y empaque y, lo más importante, que se haga cargo de la venta, ya que ellos tienen los clientes, y del envío y soporte al cliente.

El programa FBA ha sido todo un éxito y ha permitido que Amazon crezca aún más rápido y con ellos miles y miles de empresas y empresarios que lograron asociarse con el mayor vendedor de productos del mundo en una relación ganar-ganar.

Actualmente Amazon cuenta con ese programa en docenas de países, en algunos muy recientemente, lo que abre una mundo de oportunidades para convertirse en un socio del centro comercial más grande del cyber espacio con unos costos de operación muy bajos y un riesgo pequeño.

En el viejo modelo capitalista este tipo de oportunidades estaban limitadas a los grandes capitales, y ahora está en las manos de pequeños emprendedores. Mientras el modelo antiguo se centraba en el producto, en este ahora el rey es el cliente.

Aprender qué es lo que el cliente quiere es el secreto.

El Entrenamiento que me dió Allan me llevó a una experiencia única que fue reforzada cuando con mucha investigación encontré que los modelos de emprendedores y emprendedoras exitosas en Amazon, son personas que navegaron muy bien en el E-commerce, ya sea a través de Shopify, plataforma que ya casi alcanza los 400 millones tiendas y en Ebay, un buen lugar donde comenzar a hacer pinitos de Comercio electrónico

Amazon es una empresa que integra la tecnología con el capital humano. Así, mientras las tiendas por departamentos siguen cerrando locales y despidiendo empleados, Amazon abre más centros de distribución en todo el mundo, genera nuevas plazas y da oportunidad a millones de personas paraa convertirse en socios estratégicos por medio de su programa FBA

Un proyecto FBA con Amazon tiene muchas variables y fórmulas, pero todas son fórmulas ganadoras que si se hacen correctamente pueden generar un patrimonio muy importante en la vida de un emprendedor. Las tiendas dentro de Amazon bajo la modalidad FBA que ya cumplieron varios años pueden venderse en el mercado de los negocios en cantidades muy importantes, ya que legalmente tienen el mismo valor que un negocio tradicional.

Desde cualquier punto de vista el Comercio Electrónico es la nueva frontera que está esperando a los nuevos conquistadores para se adueñen de su territorios.

MODELOS DE ORIGEN DE PRODUCTO

En el Modelo FBA o Fulfillment By Amazon (preparado por Amazon), los productos del emprendedor son enviados a las bodegas de Amazon para que sea esta empresa la que lo comercialice, venda, cobre, entregue, de soporte al cliente y gestione todo lo que tiene que ver con cambios, devoluciones, etc.

RETAIL ARBITRAGE

Está Modalidad te lleva de compras. Así es, te vas por la tiendas buscando la zona de productos con mucho descuento, y con tu aplicación de Vendedor Autorizado de Amazon escaneas los productos con la intención de encontrar aquellos que te dan un precio inferior al 40% del precio de venta en Amazon. Mientras menor sea el precio mejor, pero desde mi experiencia recomiendo que la ganancia sea mayor a $10 por producto para que trabajes menos y ganes más.

Hay muchas tiendas que por diferentes circunstancias bajan los precios de los productos, y esa será tu especialidad, encontrarlos si decides que este es el modelo de negocio que quieres desarrollar.

ONLINE ARBITRAGE

Básicamente consiste en la misma técnica de precios, pero en este caso usas el UPC (Universal Product Code) que cada producto tiene en los websites de las tiendas para verificar la rentabilidad de cada producto que esté en oferta.

Con este modelo de negocio ahorras tiempo y tienes acceso a cientos de tiendas que colocan diariamente sus oferta en el internet.

WHOLESALE

Está modalidad es muy parecida pero es para entrar a vender como mayorista. Personalmente solo la recomiendo para personas con experiencia en el sistema de Amazon FBA y lo veo como un paso normal dentro del crecimiento de un empresario digital.

En este caso recomiendo no entrar a vender producto que no hayan sido probados con éxito en el pasado.

PRIVATE LABEL

A pesar que son cientos de vídeos en Youtube que animan a los buscadores de negocios a hacer su propia marca para vender en Amazon, mi experiencia personal ha sido que este modelo solo funciona si tu tienes experiencia, la inteligencia emocional y los recursos económicos para pasar por un proceso que puede durar de 6 a 12 meses hasta ver resultados satisfactorios.

El modelo consiste en buscar productos de alta demanda, encontrar un fabricante o proveedor mayorista, colocarle una marca y comercializarlo. Aunque se oye fácil no lo es, y no recomiendo que un principiante lo haga, es demasiado riesgo para experimentar cuando antes no se hizo con éxito con los modelos Online Arbitrage o Retail Arbitrage.

Si deseas conocer los detalles del negocio Amazon FBA y sus variables, puedes visitar esta pagina que ha ayudado a cientos a entrar con el pie derecho en el mundo del Ecommerce de Amazon. Visita www.ExpertoFBA.com

OTROS MODELOS

DROPSHIPPING

El Modelo de Dropshipping se ha popularizado mucho en los últimos años con grandes ejemplos de éxito y consiste, básicamente, en construir tiendas que promocionan y venden producto que tus proveedores tienen en sus inventarios y que envían a los clientes que tú les indiques.

Este modelo es muy popular porque da la impresión

de que los costos son muy bajos, y de hecho sí lo es comparado con otros negocios, pero hay que saber que el secreto sigue siendo el Marketing, no es la tienda, no es el producto, el Marketing es el secreto del éxito en este modelo.

Normalmente puedes construir tu tienda de forma sencilla en Shopify y agregar las apps necesarias para lograr el seguimiento del prospecto y mejorar las ventas.

Los proveedores tradicionales para este modelo los encuentras en www.Aliexpress.com, especialmente los que tienen envío gratis.

Edgardo Moreno

MULTINIVEL DE ATRACCIÓN EN REDES SOCIALES

El Negocio de Redes de Mercadeo o Network Marketing aparentemente es el que más conoce de Redes pero, en el mundo digital, se necesita un alto componente de Marketing para que funcione.

Desde hace más de 10 años el Magnetic Sponsoring o Mercadeo de Atracción comenzó a matar al «mercadeo de persecución», de la escuela pre internet y pre redes sociales.

Con el surgimiento del email marketing en primera instancia y del mercadeo social, el Multinivel se convirtió en algo más efectivo y menos dañino para las amistades, conocidos y familiares de los Networkers que usan estas nuevas técnicas para solo prospectar al público que está buscando de forma activa lo que ellos ofrecen.

Los embudos de mercadeo, a partir de publicaciones orgánicas —gratis— y pagadas —las mejores—, permiten atraer cada día a cientos de nuevos prospectos motivados hacia los miles de negocios de Networkers que saben usar estos nuevos medios que sustituyeron el volanteo en las calles, las tarjetas de presentación, y los anuncios en revistas, periódicos, radio e incluso televisión.

El secreto está en el Marketing, más adelante en este libro encontrarás un modelo que me ha funcionado para construir en tiempos muy cortos organizaciones de miles de personas. Lo más importante de este dato no son las miles de personas, sino que estas son personas apropiadas, nichos apropiados, para formar parte de un grupo de consumidores o de un grupo de empresarios de la industria.

En los últimos dos años el Mercadeo Móvil junto al Mercadeo Social han sido una dinamita para miles de negocios del Multinivel, ya que la relación ha pasado de ser virtual a personal, al sacarlas de las Redes Sociales para llevarlas a una conversación real por medio de Whatsapp o cualquier otra aplicación móvil.

No puedo dejar de mencionar que el Video Marketing acelera hasta en 10 veces los resultados, especialmente cuando se combina el poder de Facebook Live y

Youtube.

Si eres un Networker asegúrate de manejar los siguientes conceptos de una forma muy adecuada:
1) Nicho de Mercado y separarlo para negocio y/o productos.
2) Necesidades de tu nicho.
3) Mensaje que conecte con las emociones del nicho.
4) Mejor Red Social para ese nicho.
5) Contratación de Facebook Ads
6) Publicación de Vídeos en Youtube
7) Transmisiones en vivo en Facebook Live

Si deseas un entrenamiento de alto nivel para estos y otros temas, te invito a que veas el contenido de www.DiplomadoenMultinivel.com. Allí encontrarás un curso creado específicamente para las necesidades del Networker que quiere usar las Redes Sociales para la prospección masiva.

CAPÍTULO 3

LOS SECRETO DEL MARKETING EN INTERNET Y LAS REDES SOCIALES

Edgardo Moreno

Las 3 C's

El primer Secreto es entender el poder de las 3 c's en el Internet y las Redes Sociales:

1) Crear Comunidades Homogéneas.
2) Crear Conexiones o relaciones profundas con la Comunidad.
3) Crear Conversiones (monetizar la relación).

Crear Comunidades

Este es un proceso que comienza con el hecho de entender que cada proyecto, empresa, producto o servicio tiene un nicho específico entre el universo del público en general.

Las mejores comunidades están compuestas por personas que tienen edades similares, estudios y trasfondos culturales muy parecidos, gustos en común y sobre todo problemas similares a los que están buscando solución de forma consciente o inconsciente.

El mejor punto para iniciar estas comunidades es alrededor de un Blog, Website, Fan Page, perfil en facebook, cuenta de Instagram o canal en Youtube.

El anzuelo para que lleguen ahí es el contenido de las publicaciones.

Crear Conexiones o Relaciones profundas

El poder de la venta o conversión no va a radicar en lo espectacular de nuestro producto, o el precio, sino en la credibilidad que nosotros alcancemos ante la comunidad. De ahí que el contenido que compartamos en las plataformas debe ser de alto valor, debe ser muy práctico y debe sentar nuestra posición como expertos en el campo de acción en que estemos proyectándonos.

La creación de ese contenido debería ser diaria, preferiblemente en video.

En cada pieza se debe buscar tocar las emociones del público respecto al problema que queremos ayudar a resolver por nuestra oferta final.

Mientras más contenido ofrezcamos sin antes pedir, más efectiva será la venta cuando decidamos que ya es hora de pedir algo a cambio.

Crear Conversiones o monetizar la relación

La tercera «C» es a la que todos queremos lograr, pero tratar de llegar a ella prematuramente en el entorno social nos lleva al fracaso. En el Internet a todos nos va mejor cuando antes de pedir primero damos. Hemos de establecer la relación primero, antes de sacar nuestra oferta.

Y nos va mejor cuando aprendemos que en el entorno social es más sencillo que en el entorno físico crear una «oferta irresistible», que es aquella cuyo valor es mucho más alto que el precio que se está pidiendo.

Para llegar a este punto de conversión tenemos, por supuesto, que haber sobrepasado los temas técnicos de mecanismos para recibir pagos de forma inmediata y de las modalidades más simples para nuestro público.

Edgardo Moreno

EL TRIÁNGULO DE ORO

En el pasado cercano, en las escuelas de mercadeo se nos enseñó que lo más importante de una relación comercial era el producto y sus beneficios, pero en el mundo digital la relación con el nicho del mercado se tiene que plantear desde la perspectiva del triángulo dorado de las 3 P's.

PERSONA

En lo más alto del triángulo está la Persona. Esa persona es nuestro nicho de mercado. Conocer sus dolores, retos, obstáculos o problemas es esencial al momento de querer descubrir las características de nuestro nicho de mercado.

PROBLEMA

Lo segundo más importante en este proceso de profundizar en nuestro nicho de mercado es el Problema de la persona, saber cuál es el verdadero problema, el verdadero obstáculo, dificultad o dolor que enfrenta la persona.

Hay que determinar cuál es ese problema que de no resolver hace pagar un alto precio emocional, físico y/o económico a nuestro prospecto.

PROMESA

La Promesa es la oferta que resuelve el Problema de la Persona.

La Promesa debe ser creíble, práctica y se debe contar con validación social para dar fuerza a su presentación. La validación social puede venir de nuestro testimonio personal, o del testimonio de otras personas a quienes se les resolvió el problema a partir de haber aceptado nuestra promesa o una promesa similar.

Si al presentar tu promesa logras un «¡Wow, esto es lo que buscaba!», estás en buen camino y muy cerca de la conversión de esa relación en un muy buen negocio.

TESTIMONIOS

Edgardo Moreno

Rossana Tello

De origen peruano y con estudios profesionales en Resonancia Magnética, dejó el mundo de la medicina para dedicarse a los Negocios en Internet, a los cuales ha dedicado 12 meses de su enfoque, energía y recursos. El descubrimiento de este generoso mundo de los negocios en línea la llevó a la decisión de vender su auto con tal de pagar una mentoría especializada que la llevara del anonimato al éxito en este mundo, y doce meses después puede celebrar un logro económico que jamás hubiese calculado: más de «Medio Millón de dólares» en Ganancias.

Ahora Rossana no solo es reconocida como una exitosa mujer de negocios, sino que es invitada internacionalmente a compartir su experiencia de motivación a miles de personas en el mundo.

Rossana Tello usó www.Vivirdelinternet.life para encontrar su libertad y poder así vivir del Internet.

JORGE MATEO

Originario de la ciudad de México, y con tan solo 26 años, es un «Soñador» Libre de deudas que logró encontrar su Libertad Financiera en el Internet. Con ello trajo libertad financiera a su casa, y ya retiró del trabajo a su mamá a quien compró una casa.

Jorge quien procede, como la mayoría de inmigrantes, de una familia de escasos recurso logró ganar más de «Un Cuarto de Millón de dólares» el año pasado, como fruto de su negocio de Mercadeo de Afiliados, guiado por supuesto por un Mentor Experto en el Marketing en Internet.

Edgardo Moreno

En poco tiempo Jorge se ha convertido en una celebridad que participa activamente en la capacitación de temas sobre Marketing Digital entre las comunidades de habla inglesa, y muy pronto lo hará en español.

Jorge también es parte del proyecto

www.Vivirdelinternet.life

Edgardo Moreno

Mi testimonio reciente es que en tan solo 60 días logré $12,857 en este modelo de Mercadeo de Afiliado con MOBE en www.Vivirdelinternet.life, y esto lo sumo a mis ventas de más de $50 mil dólares del año pasado en Amazon y un poco más de $150 mil dólares en ganancias de otros productos digitales. En total tengo 10 fuentes de ingresos en este maravilloso mundo en el último año.

Desde 2009 vivo a del internet a tiempo completo y he logrado entrenar desde entonces a más de mil personas para que hagan lo mismo. Mis estudiantes provienen de docenas de países y algunos tan lejanos como Australia, Sudáfrica, Italia y por supuesto el continente americano.

Mi pasión es enseñar lo que sé y ayudar a otros a que logren sus sueños.

Espero que este libro te haya ayudado en algo, te dé ideas o por lo menos te inspire a buscar en el internet el cumplimiento de tus deseos y ojalá te pase como a mí y puedas vivir de tu pasión.

Dios te bendiga y gracias por haber leído este libro.

Edgardo Moreno

www.EdgardoMoreno.tv

edgardomorenov@gmail.com

www.Vivirdelinternet.life

WhatsApp +15626745958

Edgardo Moreno

www.ingramcontent.com/pod-product-compliance
Lightning Source LLC
Chambersburg PA
CBHW031548210526
45464CB00003B/1204